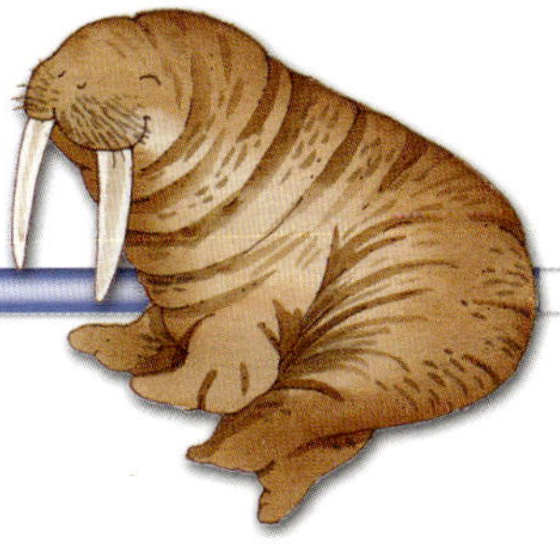

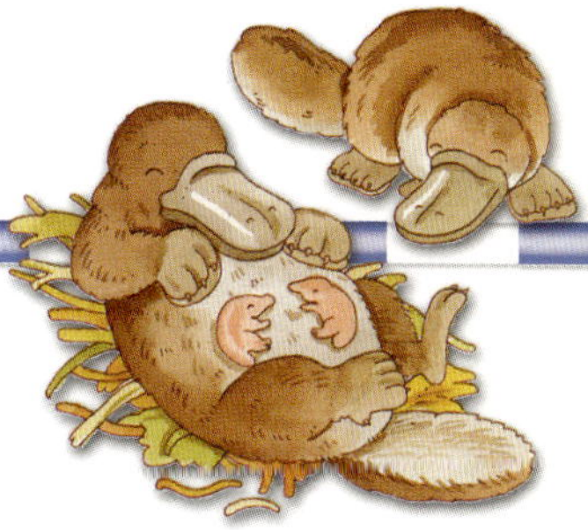

Conception : Ant's Books
Illustrations : Eleonora Barsotti

5, rue d'Alembert - 91240 Saint-Michel-sur-Orge - France
Dépôt légal : 2e trimestre 2013
Loi n°49-956 du 16 juillet 1949
sur les publications destinées à la jeunesse.
Imprimé en Chine.

Mon premier livre sur

Les Animaux

Piccolia

L'EUROPE DU NORD

On y trouve des animaux résistants au froid, qui prennent un pelage hivernal ou qui hibernent quand la neige arrive. Certains oiseaux y vivent pendant la saison chaude, puis migrent quand l'automne s'annonce.

Les animaux présents en Europe du Nord ont une fourrure épaisse qui les protège du froid.

LA RUSSIE ET L'EUROPE DE L'EST

Située entre l'Europe et l'Asie, cette région est recouverte d'une immense forêt de sapins et de mélèzes appelée la taïga.

La saïga est une antilope qui vit aux portes du désert. Son grand nez plein de poils filtre le sable.

Grâce à son pelage épais, le chameau peut supporter le froid des déserts d'Asie centrale.

Les lemmings sont de petits rongeurs qui émigrent régulièrement vers de nouveaux territoires.

Située au nord, la toundra est une région qui s'étend au-delà du cercle arctique. Le sol y est gelé une bonne partie de l'année. Les animaux ne s'y aventurent qu'en été.

un renard polaire

un lemming

La floraison estivale de la toundra attire une multitude d'insectes, proies de nombreux oiseaux qui viennent y nicher.

un renne

un cygne chanteur

un écureuil volant

une zibeline

La zibeline est un petit prédateur à la fourrure douce et fine.

un tigre de Sibérie

une hermine

Le tigre de Sibérie est le plus grand de tous : il peut mesurer jusqu'à 3 m. Son poil plus clair le distingue des fauves des régions chaudes.

un loup

Chassant dans les forêts de conifères, les meutes de loups hurlent pour éloigner les intrus.

L'EUROPE CENTRALE

Cette région se distingue par ses hivers rudes où l'on trouve de grandes forêts d'arbres feuillus qui perdent leurs feuilles l'hiver.

Le pic épeiche frappe de son bec le tronc des arbres pour creuser son nid et attraper des insectes et des larves.

des pics épeiches

Le hérisson creuse sa tanière dans le sol et ne sort que la nuit pour chasser des insectes.

La martre est le plus grand prédateur de l'écureuil : elle peut le poursuivre dans les branches.

La mésange bleue élève ses oisillons au printemps, profitant de l'abondance d'insectes.

LA FRANCE ET LES PAYS-BAS

La France possède de grandes plaines agricoles, des forêts, des vallées, des chaînes de montagnes et des littoraux. Aux Pays-Bas, l'eau domine avec des lacs, des fleuves et sa côte. Cette grande variété de paysages permet à de nombreux animaux de vivre sur cet espace.

Les marais sont fréquentés par des libellules, des moustiques, des grenouilles, des têtards et des oiseaux. Certains d'entre eux viennent seulement y nicher.

Les anguilles grandissent dans de l'eau douce, mais se reproduisent dans la mer des Sargasses.

Le flamant rose pêche de petites crevettes, qui lui donnent sa couleur rose. En France on le trouve dans le delta du Rhône.

De nombreux animaux habitués à la présence humaine, comme les oiseaux ou les rongeurs, vivent dans les villes.

Beaucoup de petits animaux vivent près des champs cultivés. Dans les buissons, on trouve des souris, des hérissons et des oiseaux, qui attirent les renards et les rapaces nocturnes.

L'EUROPE DU SUD

Une végétation typique, appelée le maquis, pousse en Méditerranée. Elle est constituée de bois de chênes, de pinèdes et de zones couvertes d'arbustes et de buissons. Elle abrite des oiseaux, comme la huppe et le faisan, des mammifères, comme le lynx d'Espagne ou la genette.

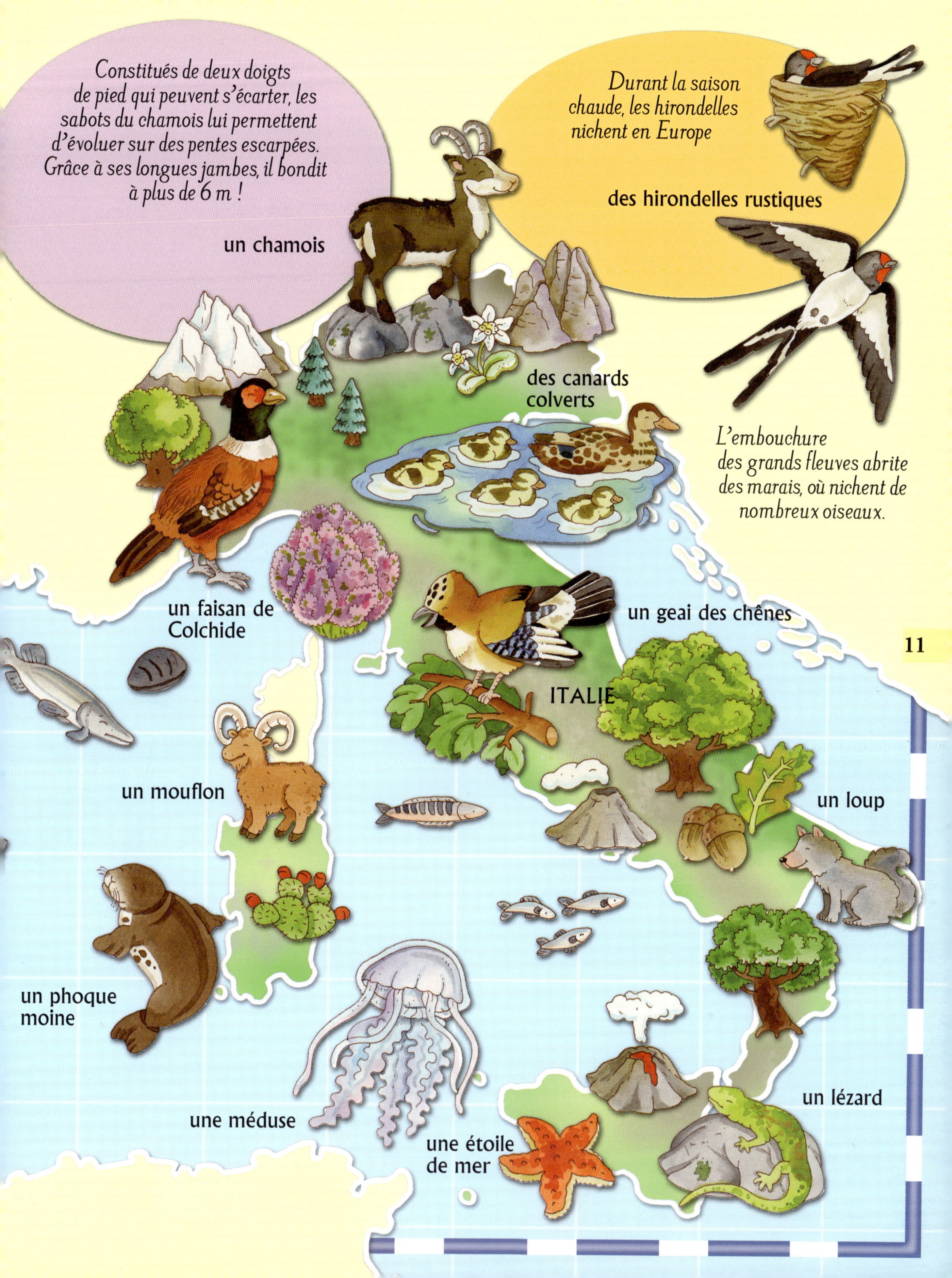
Constitués de deux doigts de pied qui peuvent s'écarter, les sabots du chamois lui permettent d'évoluer sur des pentes escarpées. Grâce à ses longues jambes, il bondit à plus de 6 m !
un chamois
Durant la saison chaude, les hirondelles nichent en Europe
des hirondelles rustiques
des canards colverts
L'embouchure des grands fleuves abrite des marais, où nichent de nombreux oiseaux.
un faisan de Colchide
un geai des chênes
ITALIE
un mouflon
un loup
un phoque moine
un lézard
une méduse
une étoile de mer

LES BALKANS

Idéal pour les animaux, le centre de cette région est recouvert de forêts de chênes et d'autres arbres feuillus. Au sud, le terrain devient plus montagneux et le climat plus aride. On y trouve des tortues qui fuient le Soleil et des porcs-épics qui se cachent parmi les rochers.

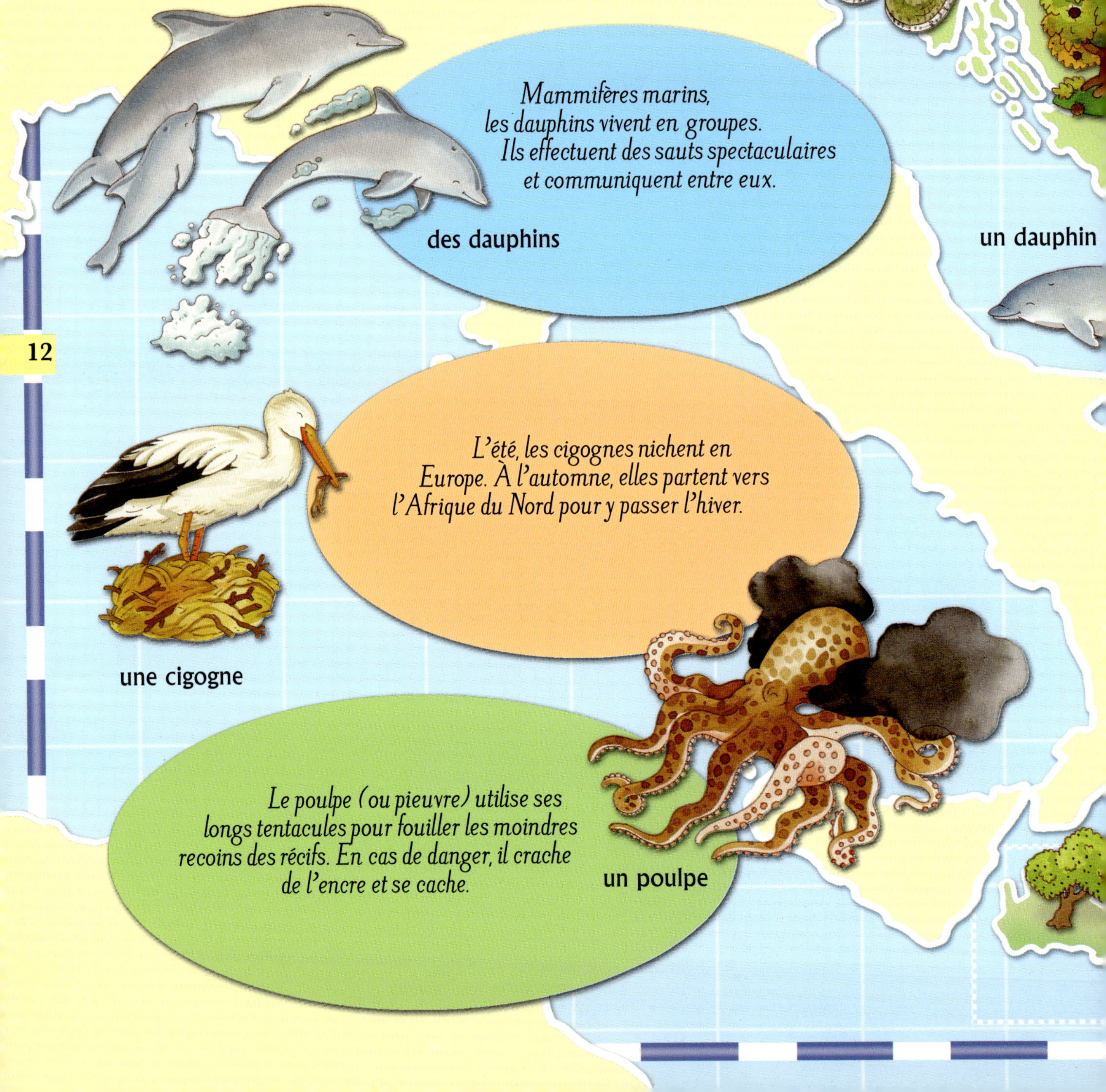

Mammifères marins, les dauphins vivent en groupes. Ils effectuent des sauts spectaculaires et communiquent entre eux.

L'été, les cigognes nichent en Europe. À l'automne, elles partent vers l'Afrique du Nord pour y passer l'hiver.

Le poulpe (ou pieuvre) utilise ses longs tentacules pour fouiller les moindres recoins des récifs. En cas de danger, il crache de l'encre et se cache.

un écureuil
roux
une chauve-souris
HONGRIE
un ours brun
ROUMANIE
des pélicans
CROATIE
une chouette
effraie
SERBIE
une nette
rousse
un chacal doré
BULGARIE
un protée
une belette
un hamster
un aigle botté
ALBANIE
GRÈCE
une tortue
un lézard
un phoque
moine
un porc-épic
à crête

Dotée d'une fourrure épaisse, la chèvre des Rocheuses possède également des sabots incurvés qui lui permettent d'escalader les pentes raides.

Pour construire de grands barrages sur les cours d'eau, les castors rongent les arbres pour les abattre et les traînent dans l'eau.

Munis d'une longue fourrure épaisse, les bœufs musqués parcourent les terres gelées du nord à la recherche de nourriture.

L'AMÉRIQUE DU NORD

Au nord, la zone arctique est froide et inhospitalière : la plupart des animaux ne font qu'y passer pour se reproduire en été. Au sud, les forêts de conifères abritent des oiseaux et de petits animaux.

LES ÉTATS-UNIS

À l'ouest, les forêts enneigées des Rocheuses abritent des grizzlis et des pumas. Près des cours d'eau, on trouve des castors et des ratons laveurs. Des troupeaux de bisons et des chiens de prairie habitent les grandes plaines entre le Missouri et le Texas. Les déserts de l'ouest sont peuplés de tarentules et de crotales. Quant aux berges du Mississippi, elles sont le royaume de l'alligator.

Pendant la parade nuptiale, le mâle et la femelle pygargue à tête blanche volent agrippés l'un à l'autre.
un pygargue à tête blanche
un dindon
n tétras des armoises
un castor
des ratons laveurs
un pygargue à tête blanche
un bison
une taupe étoilée
une spatule rosée
un chien de prairie
un alligator
un lièvre de Californie
un espadon-voilier
un lamantin
une grenouille arboricole
un lépisostée

Les grands cactus sont un refuge idéal pour les pics des saguaros qui creusent leur nid dedans.

Le colibri est un oiseau minuscule qui bat des ailes à une vitesse prodigieuse.

Les Galápagos abritent une faune unique : d'étranges manchots, des iguanes, des pinsons et des tortues géantes.

L'AMÉRIQUE CENTRALE

L'archipel des Caraïbes abrite des animaux très rares, comme le solénodon de Cuba, qui ne vit que sur cette île. La région au nord du continent touche le désert de Sonora : elle est aride et peu peuplée. Au sud, une forêt équatoriale chaude et humide abrite des oiseaux, des petits animaux et des insectes.

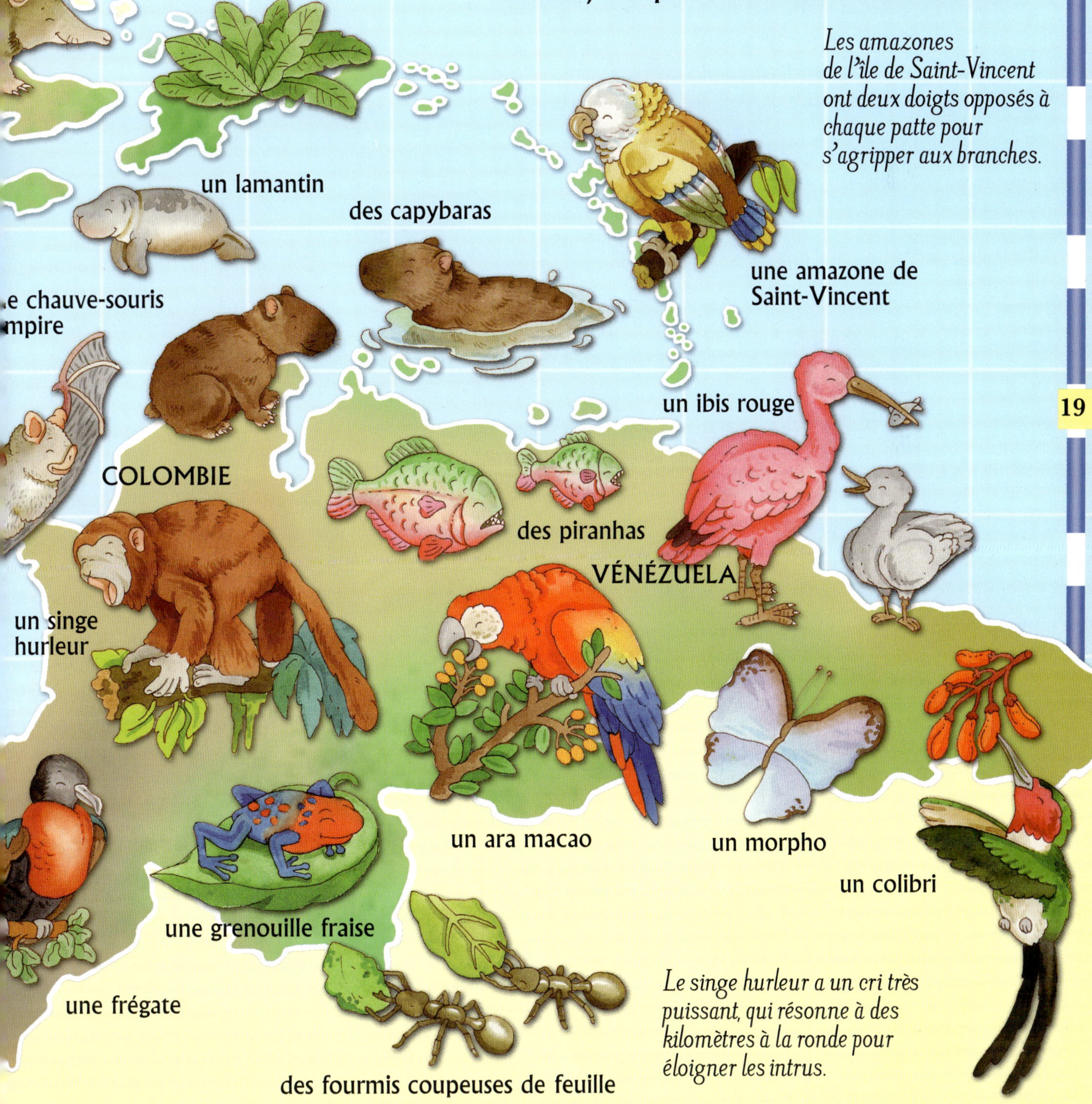

Les amazones de l'île de Saint-Vincent ont deux doigts opposés à chaque patte pour s'agripper aux branches.

Le singe hurleur a un cri très puissant, qui résonne à des kilomètres à la ronde pour éloigner les intrus.

L'AMÉRIQUE DU SUD

L'Amérique du Sud regroupe trois types de milieux naturels : la forêt tropicale, les hauts plateaux des Andes et la pampa, une plaine immense au climat rude et sec. Au sud, la végétation est si rare que beaucoup d'animaux se réfugient dans des terriers.

une harpie féroce

un vautour

un tamarin lion

Grand « poumon vert », la forêt amazonienne abrite de nombreux animaux. Ses grands arbres sont habités de bas en haut par des singes, des oiseaux et des serpents.

un boa émeraude

un toucan

Le gorfou se distingue des autres manchots par une touffe de plumes jaunes de chaque côté de sa tête.

des gorfous

un lama

On trouve dans les Andes des cousins du chameau : le lama, le guanaco et l'alpaga.

Ils sont protégés du froid par une épaisse fourrure.

un guanaco

un alpaga

Chaque jour, le fourmilier géant ou tamanoir visite plusieurs fourmilières. Il creuse le sol avec ses griffes et introduit sa longue langue collante à l'intérieur.

L'Afrique abrite de nombreuses espèces de singes dont les gorilles, les chimpanzés, les mandrills et les babouins.

L'AFRIQUE SEPTENTRIONALE

Le désert du Sahara est un des lieux les plus chauds et les plus inhospitaliers du monde. Pour résister à la soif, nombre d'animaux ne sortent que la nuit. Certains s'hydratent grâce à leurs aliments. D'autres, comme le dromadaire, survivent sans eau pendant des semaines.

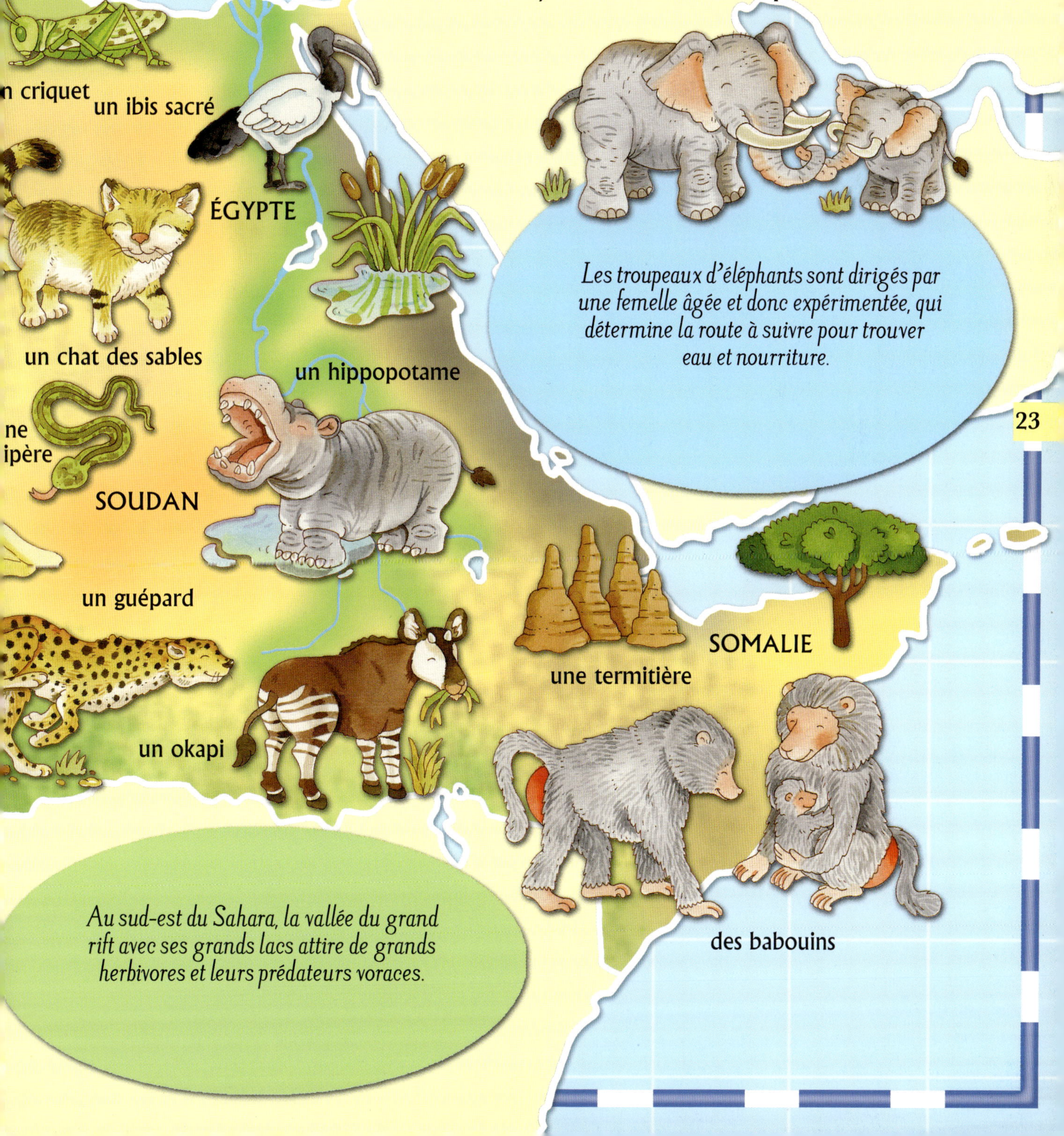

des girafes

Typiquement africaine, la girafe a un long cou qui lui permet d'atteindre les plus hautes branches, mais qui la gêne pour boire.

des zèbres

Cousins du cheval, les zèbres rayés vivent en troupeaux dans les savanes et les broussailles.

L'AFRIQUE MÉRIDIONALE

Ces grandes savanes sont peuplées de lions, de phacochères, de girafes, de rhinocéros, d'éléphants... Dans les fleuves, on trouve des hippopotames et des crocodiles à l'affût de leurs proies. La forêt équatoriale qui borde le fleuve Congo abrite des singes et des oiseaux exotiques.

Les makis cattas vivent sur l'île de Madagascar. Pour obtenir les faveurs d'une femelle, ce lémurien affronte les autres mâles à coups d'odeurs pestilentielles.

Roi du désert, le dromadaire résiste à la soif et peut donc survivre dans des conditions extrêmes.

Proche de l'antilope, l'oryx blanc possède de longues cornes. Devenu rare, il vit dans le désert d'Oman.

Tirant son nom de l'algue qui la colore, la mer Rouge abrite du corail, refuge de nombreux poissons tropicaux.

LE MOYEN-ORIENT

Les vastes déserts de sable et les paysages montagneux arides abritent des petits rongeurs, des reptiles et des chats sauvages qui y survivent en passant la journée sous terre et en sortant se nourrir la nuit. Les grands animaux vivent dans les steppes et les savanes alentour.

Présent dans une bonne partie de l'Asie et de l'Arabie, le chameau est un animal robuste qui supporte la chaleur, la soif et le froid. Il se distingue du dromadaire par ses deux bosses.

Bien proportionné, intelligent et rapide, le pur-sang arabe appartient à une race très ancienne.

Apparenté à l'âne, l'hémione vit en Iran. De taille moyenne, rapide et résistante à la soif, elle n'a jamais été apprivoisée.

L'INDE

Les hauts plateaux du nord de l'Inde abritent des animaux à la fourrure épaisse qui résistent aux climats rudes. Plus au sud, une région chaude et humide regorge de savanes, de broussailles et de forêts équatoriales où habitent des rhinocéros, des serpents, des éléphants et de nombreux oiseaux colorés.

un dromadaire

Domestiqué par l'homme pour l'aider dans ses travaux agricoles, l'éléphant d'Asie est plus petit que celui d'Afrique.

Doté d'un plumage spectaculaire, le paon mâle effectue sa parade nuptiale en déployant ses plumes colorées en éventail.

un paon bleu

L'ours lippu a un collier blanc sur son pelage noir et hirsute. Il se déplace agilement sur les rochers, mais plus difficilement sur le sol.
un ours lippu
un markhor
PAKISTAN
un myzorne queue-de-feu
NÉPAL
es merles
un rhinocéros de Java
un dauphin du Gange
un gavial
un buffle
une tortue
INDE
L'étrange calao bicorne est répandu en Inde et en Indochine.
un calao bicorne
n tigre
une tortue
un ours lippu
une baleine
Quand il se sent menacé, le cobra royal lève la tête, déploie sa coiffe et émet des sifflements.
une mangouste
un cobra royal

LA CHINE

Cette vaste région se compose de trois milieux naturels différents. Le désert de Gobi est peuplé d'hémiones et de chevaux de Przewalski. Dotés d'une épaisse fourrure, le yack et le léopard des neiges vivent dans les montagnes de l'Himalaya. Le panda et le porte-musc de Sibérie habitent les forêts du sud.

Doté d'un pelage laineux et frisé, le yack est un gros bœuf musqué sauvage qui ne craint pas le froid. Il peut paître à 6 000 m d'altitude !

Le panda géant vit dans les forêts de bambous au sud. Il passe la majeure partie de sa journée à mastiquer et porte la nourriture à sa bouche avec ses pattes avant.

Les derniers alligators de Chine vivent dans le Yangtsé.

Plusieurs espèces de faisans aux couleurs vives se rencontrent dans les forêts chaudes et humides.

Vivant dans les forêts de Bornéo, le nasique est un singe au très long nez, qui sert à amplifier ses cris.

Très rare, le rhinocéros de Java vit dans des zones reculées.

Le tapir de Malaisie attend la nuit pour partir à la recherche de fruits et de bourgeons.

L'ASIE DU SUD-EST

Grâce au climat chaud et humide, les forêts sont denses et abritent de nombreux animaux. Certaines îles d'Indonésie abritent les derniers spécimens d'espèces en voie d'extinction.

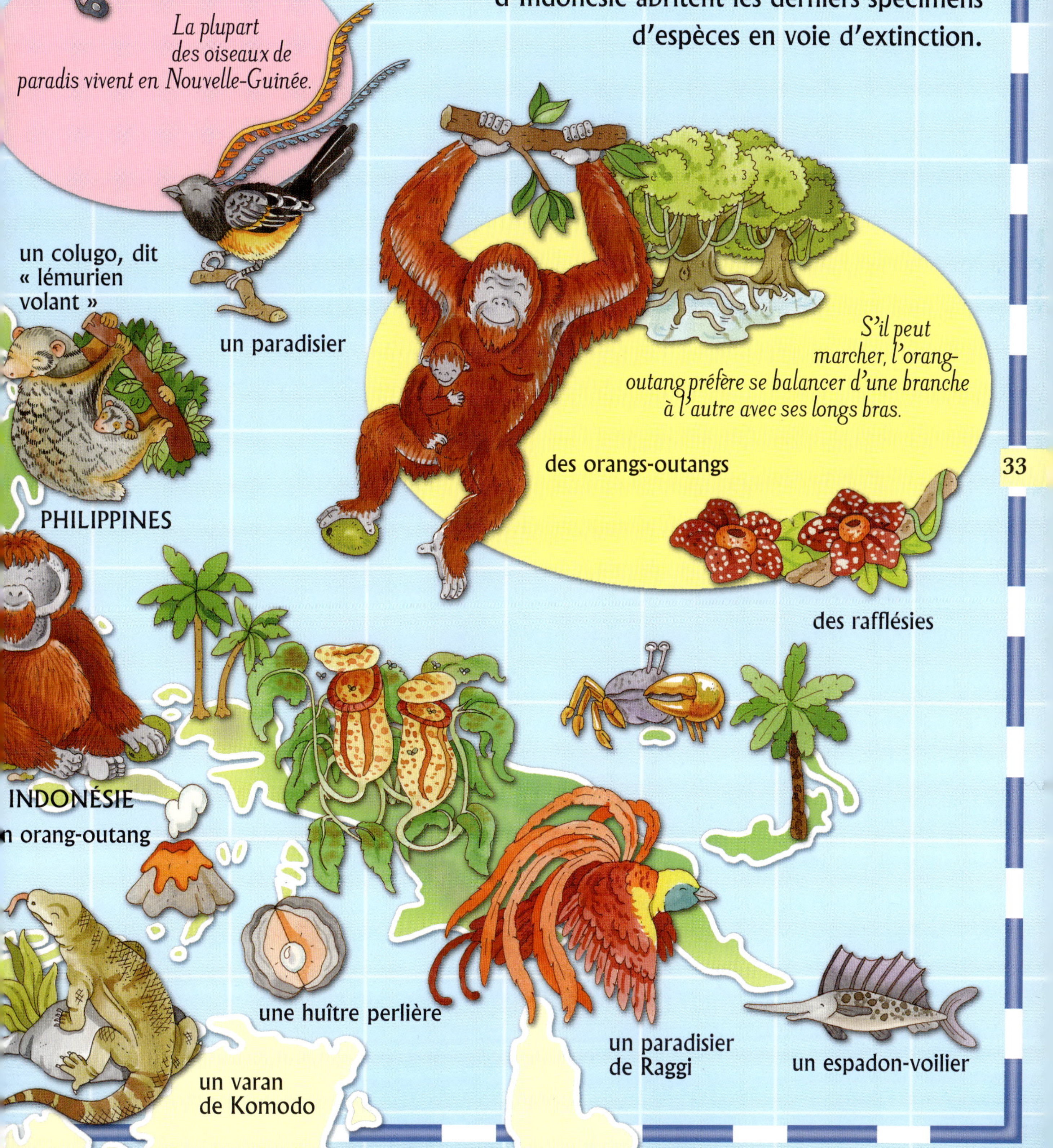

LE JAPON

Le climat du Japon est tempéré par la mer, même si les hivers sont rudes et enneigés au nord. Les pluies fréquentes favorisent la croissance d'arbres feuillus, plutôt répandus en Corée. Ils abritent de nombreux oiseaux et animaux.

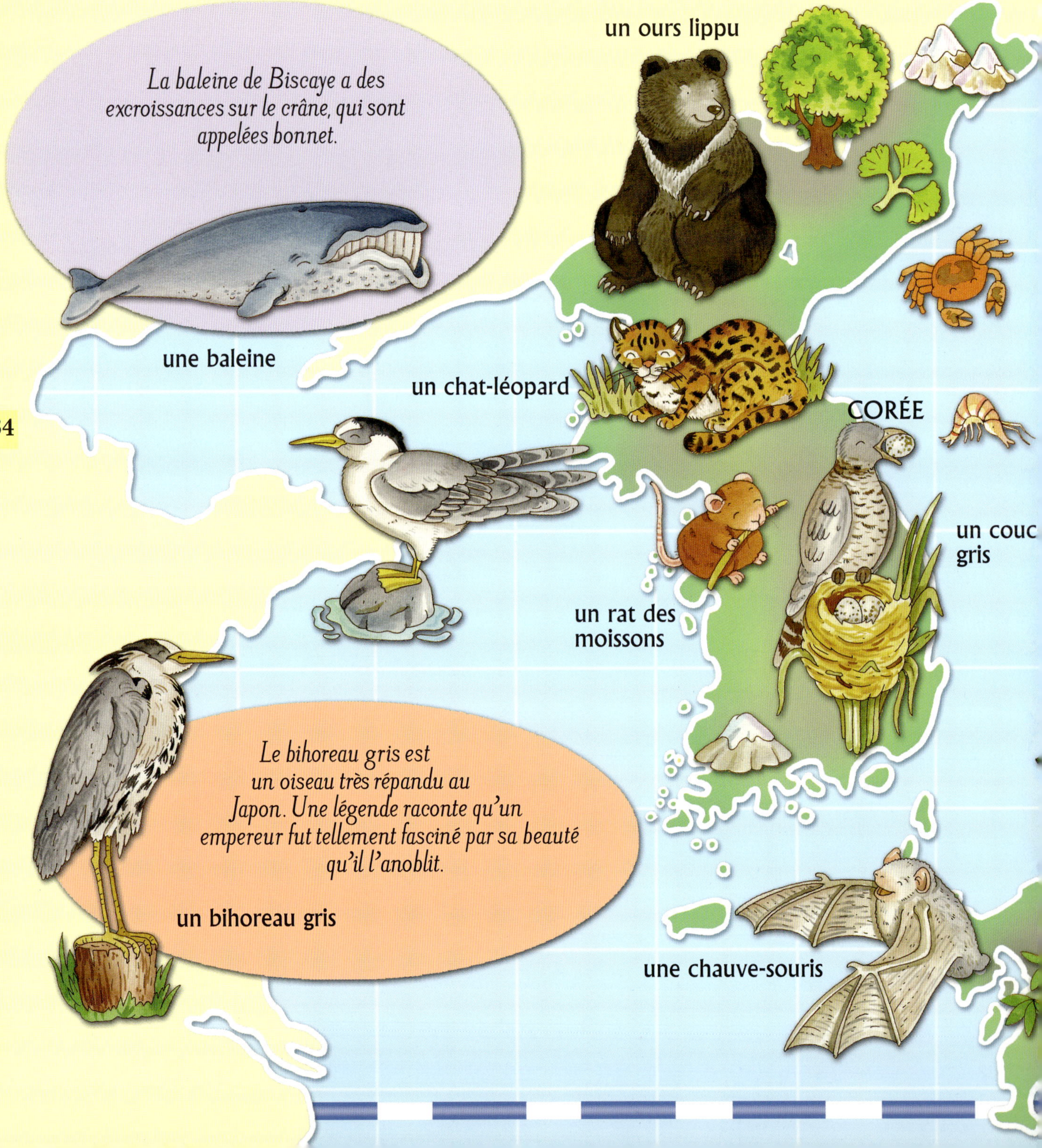

Le cerf sika vit dans l'est du continent asiatique. Il a un pelage brun-roux tacheté de blanc et des bois ramifiés.

Pour se réchauffer en hiver, les macaques des montagnes du nord se baignent dans les sources d'eau chaude.

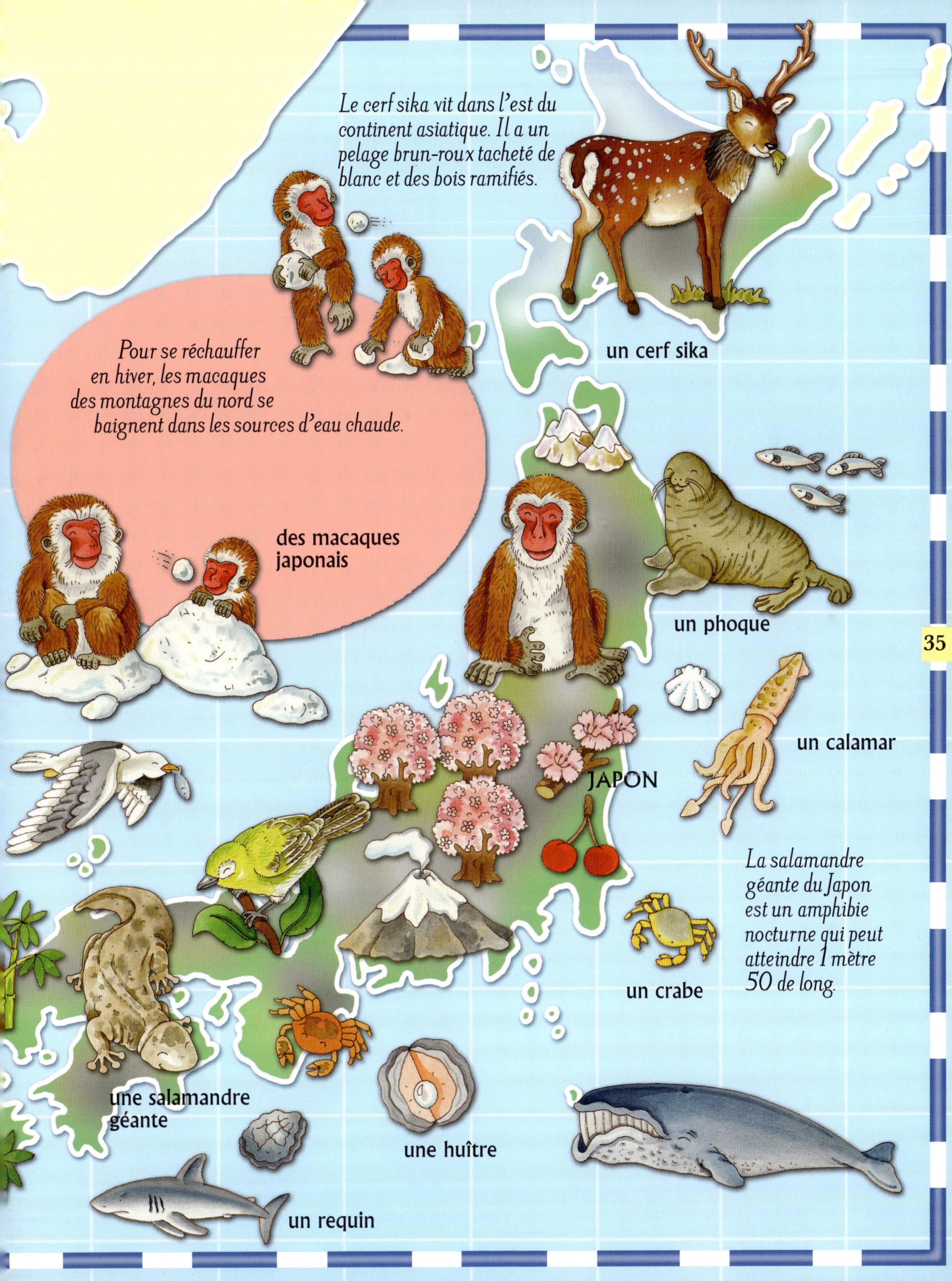

La salamandre géante du Japon est un amphibie nocturne qui peut atteindre 1 mètre 50 de long.

Le bandicoot est un marsupial australien qui creuse de profondes galeries.

La barrière de corail se développe dans les mers chaudes et peu profondes et abrite des milliers de poissons colorés.

L'AUSTRALIE

Le nord de l'Australie est recouvert par une forêt humide, peuplée d'oiseaux multicolores comme les loriquets et les oiseaux de paradis. Le centre de l'île aride et désertique est le domaine du kangourou roux : le plus grand des marsupiaux. À l'est, les forêts d'eucalyptus abritent des koalas et des martins-chasseurs.

En Nouvelle-Zélande, on trouve des chauves-souris qui courent par terre et des oiseaux qui ne volent pas, comme le kiwi.

L'ARCTIQUE

La banquise arctique abrite peu d'animaux. L'été, l'ours polaire rôde à l'affût des phoques qui viennent se reproduire tandis que l'abondance de plancton attire les oiseaux marins et les poissons.

Le narval est un mammifère marin. Le mâle arbore une longue défense.

L'ANTARCTIQUE

n raison du climat, il y a peu d'animaux en .ntarcticque. En été, ses eaux riches en oissons attirent les phoques, les manchots : les oiseaux qui viennent nicher sur es côtes.

TABLE DES MATIÈRES